I0431237

This book belongs to ....

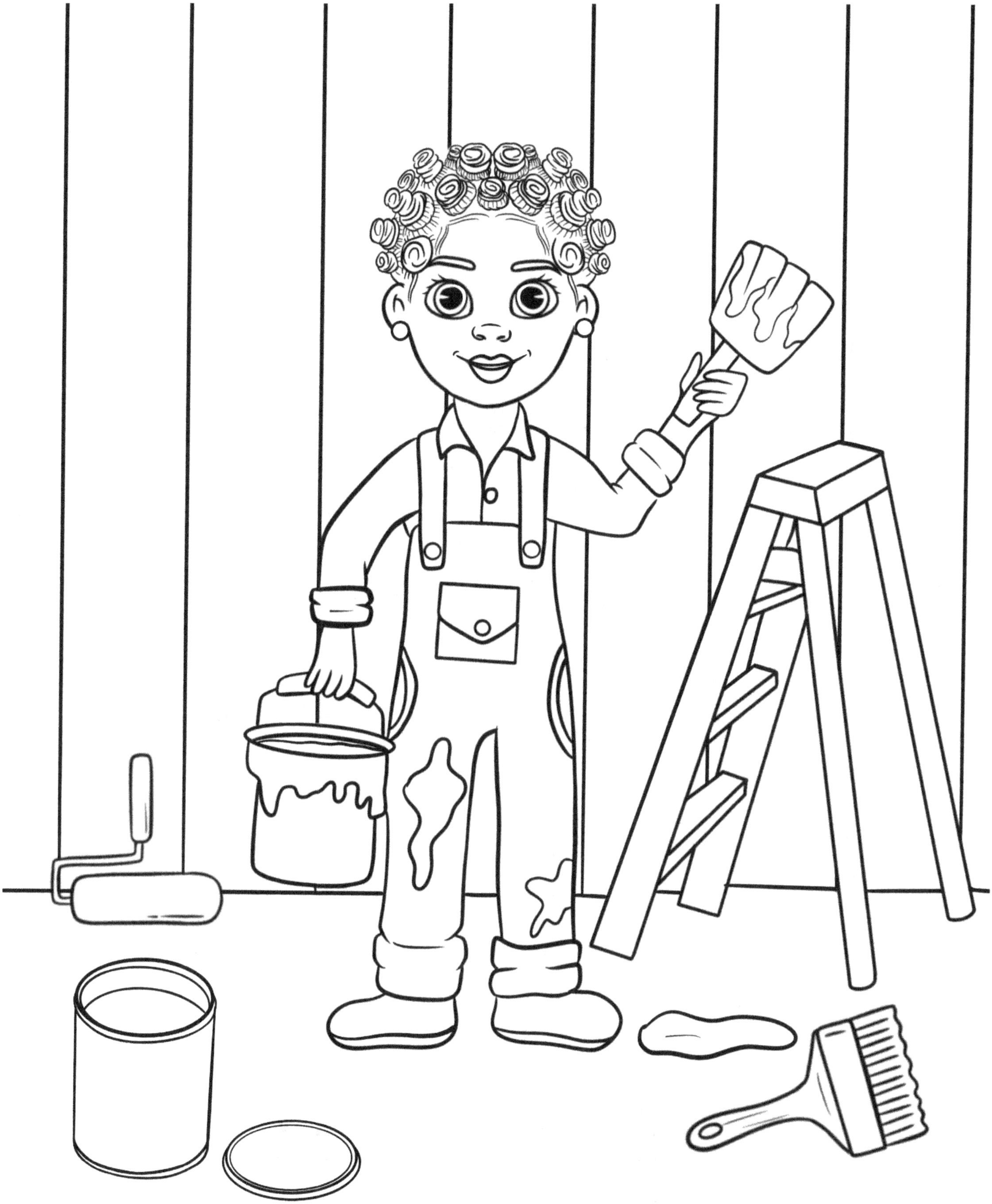

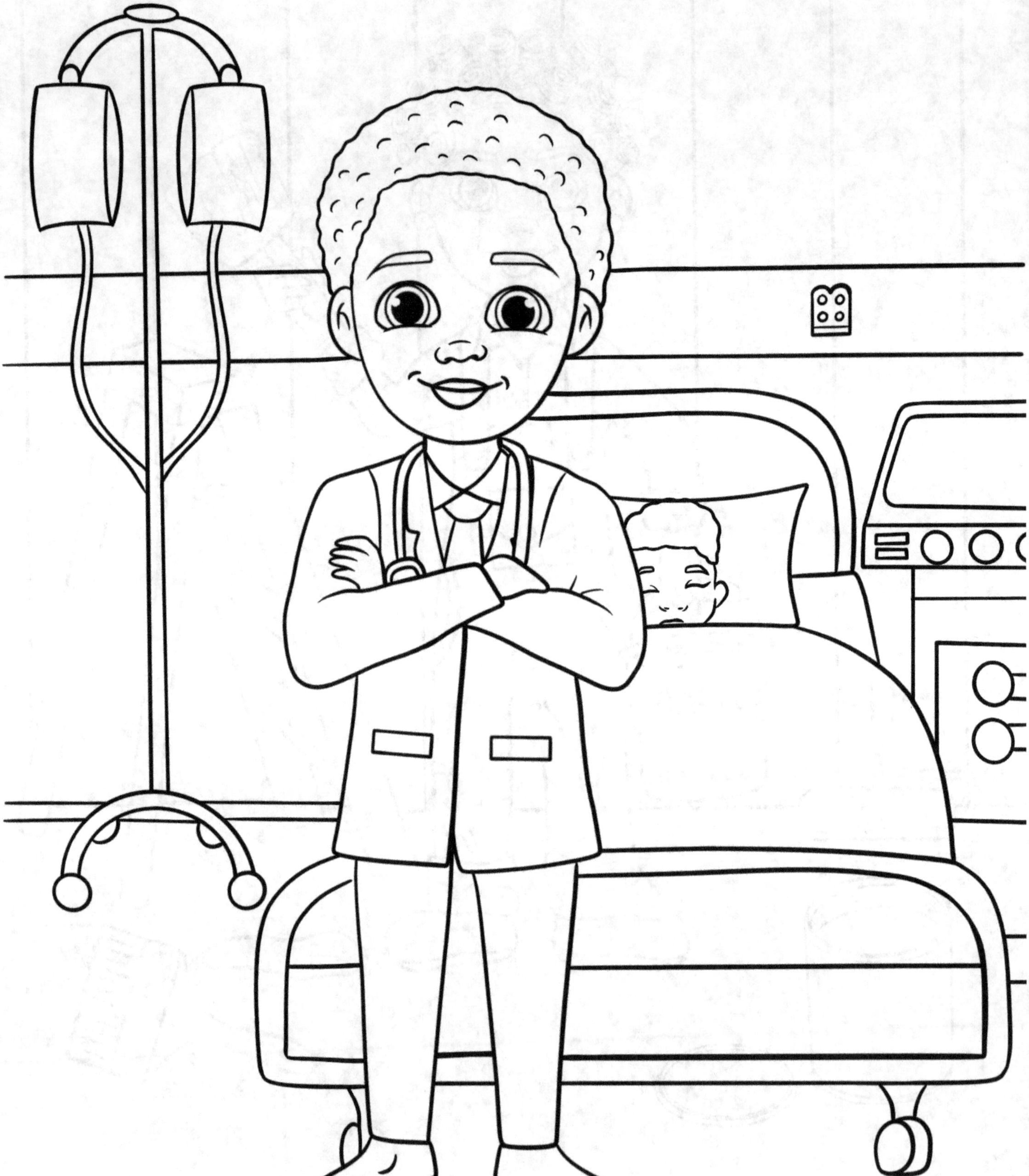

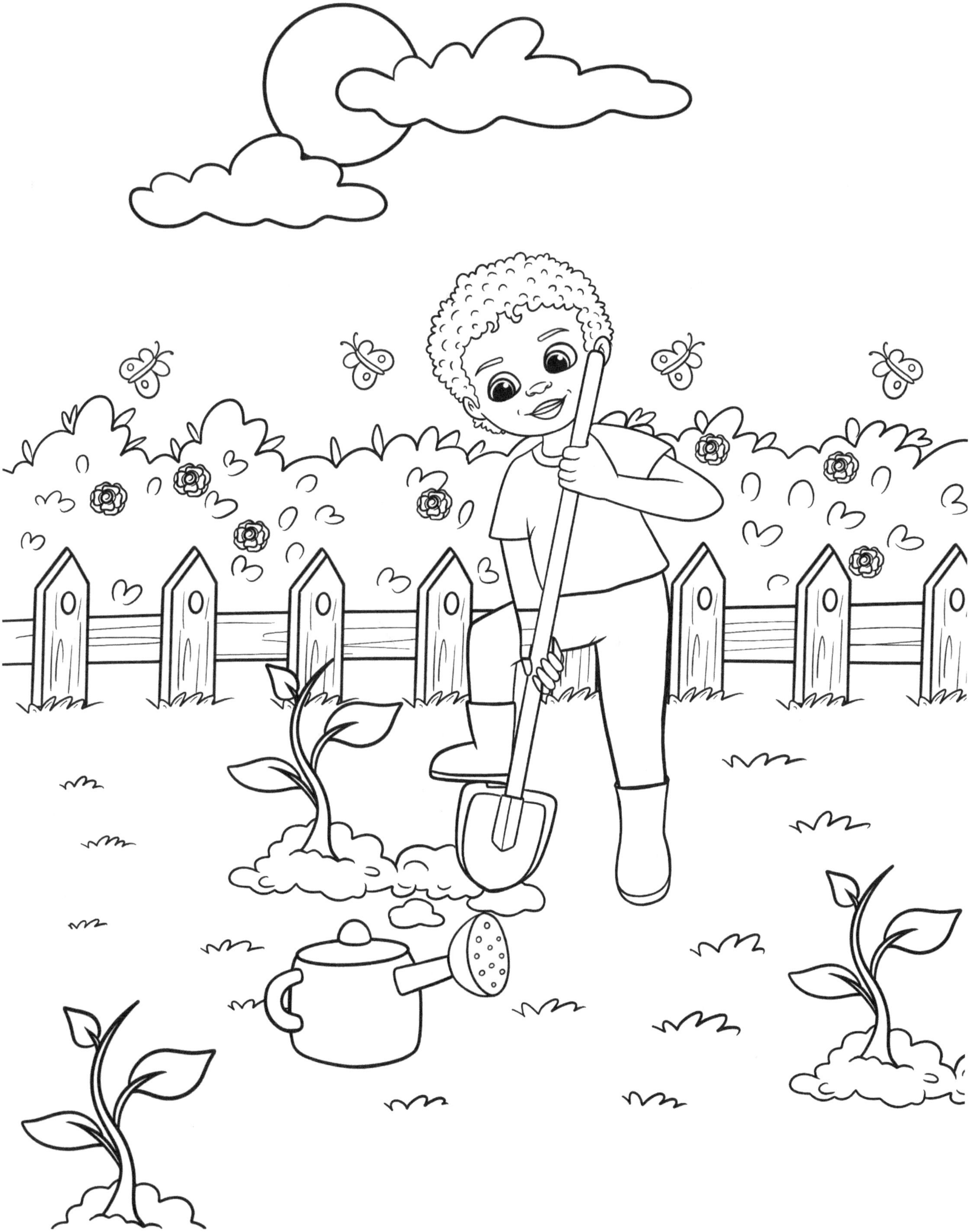

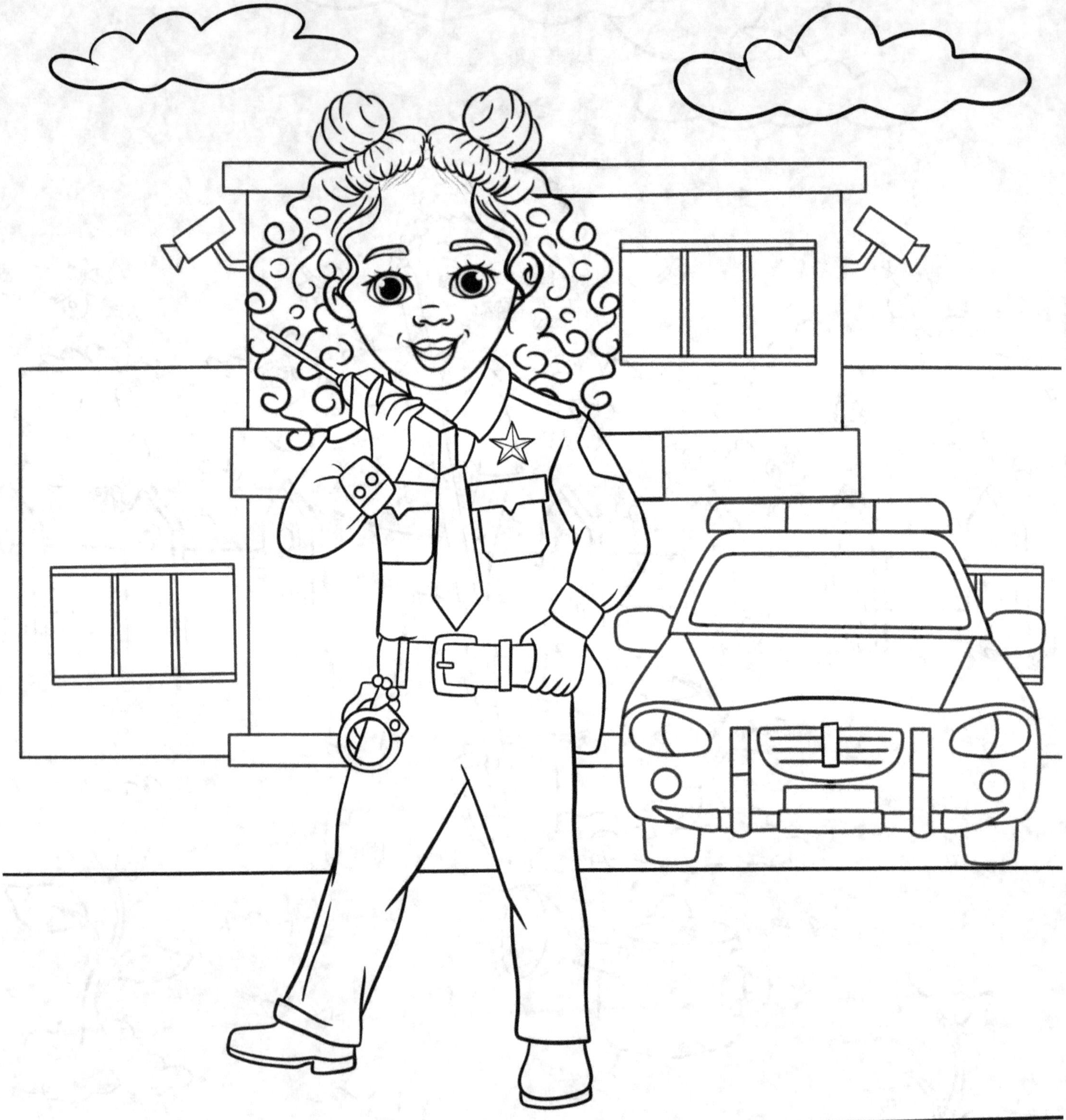

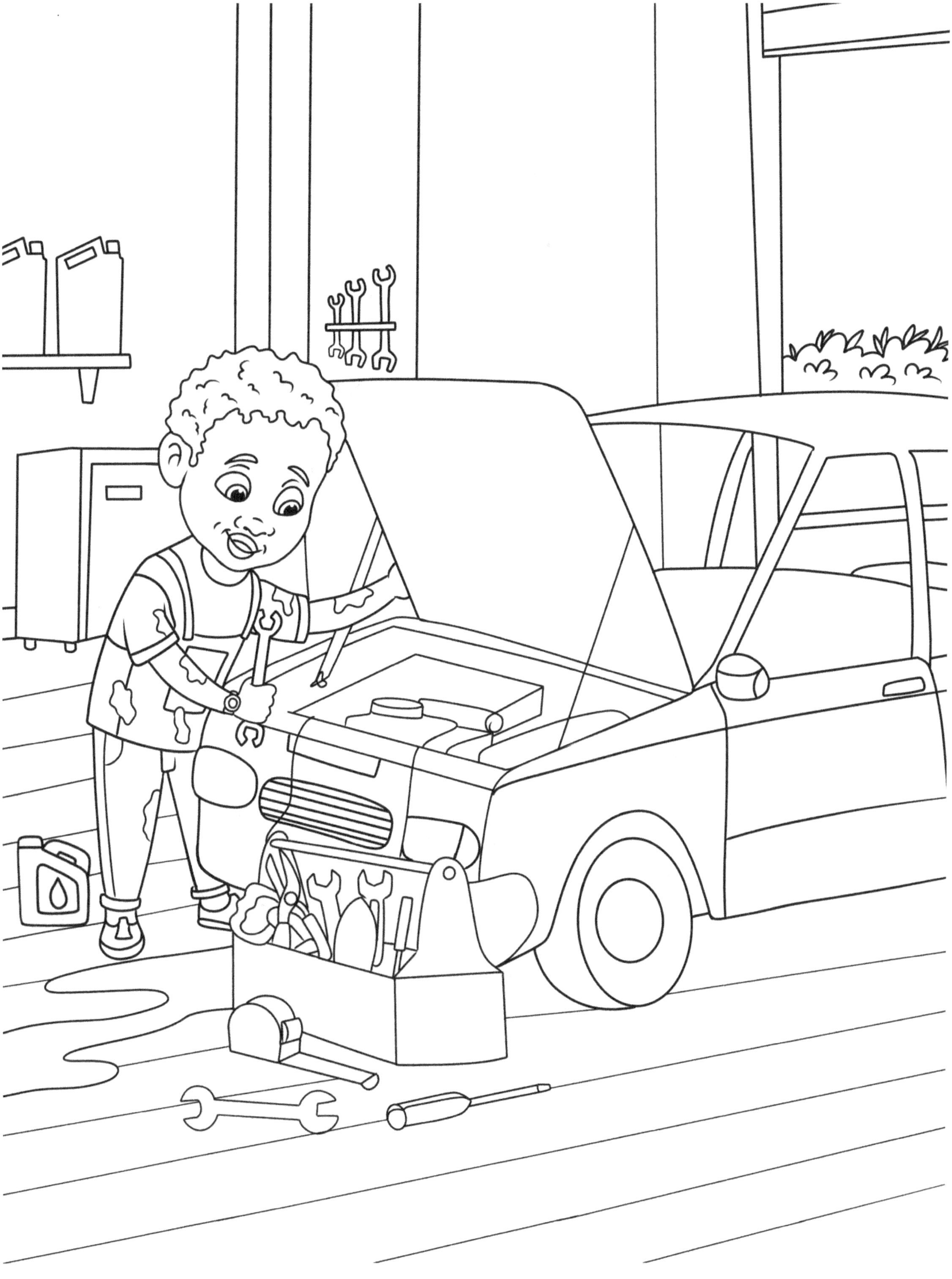

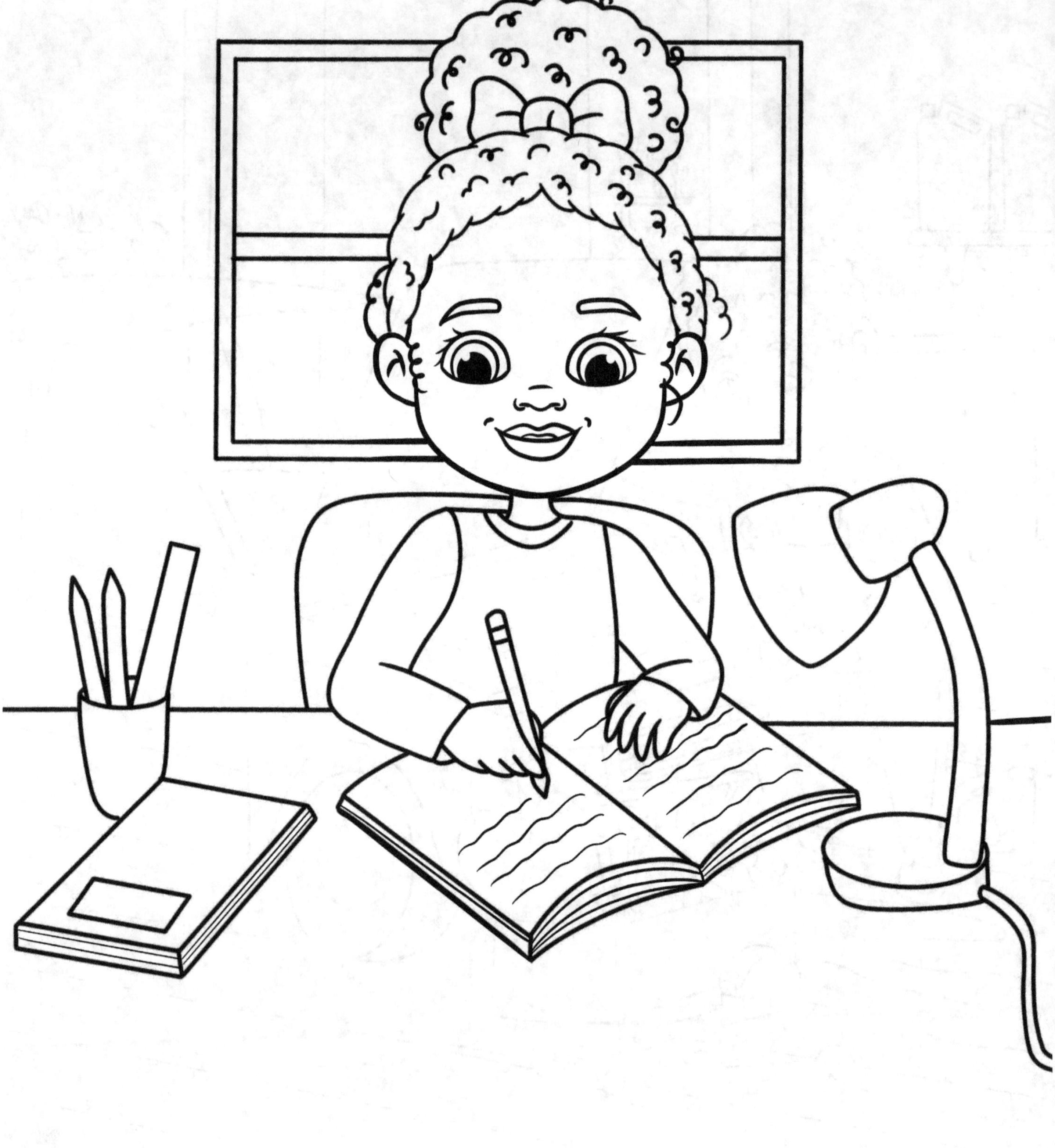

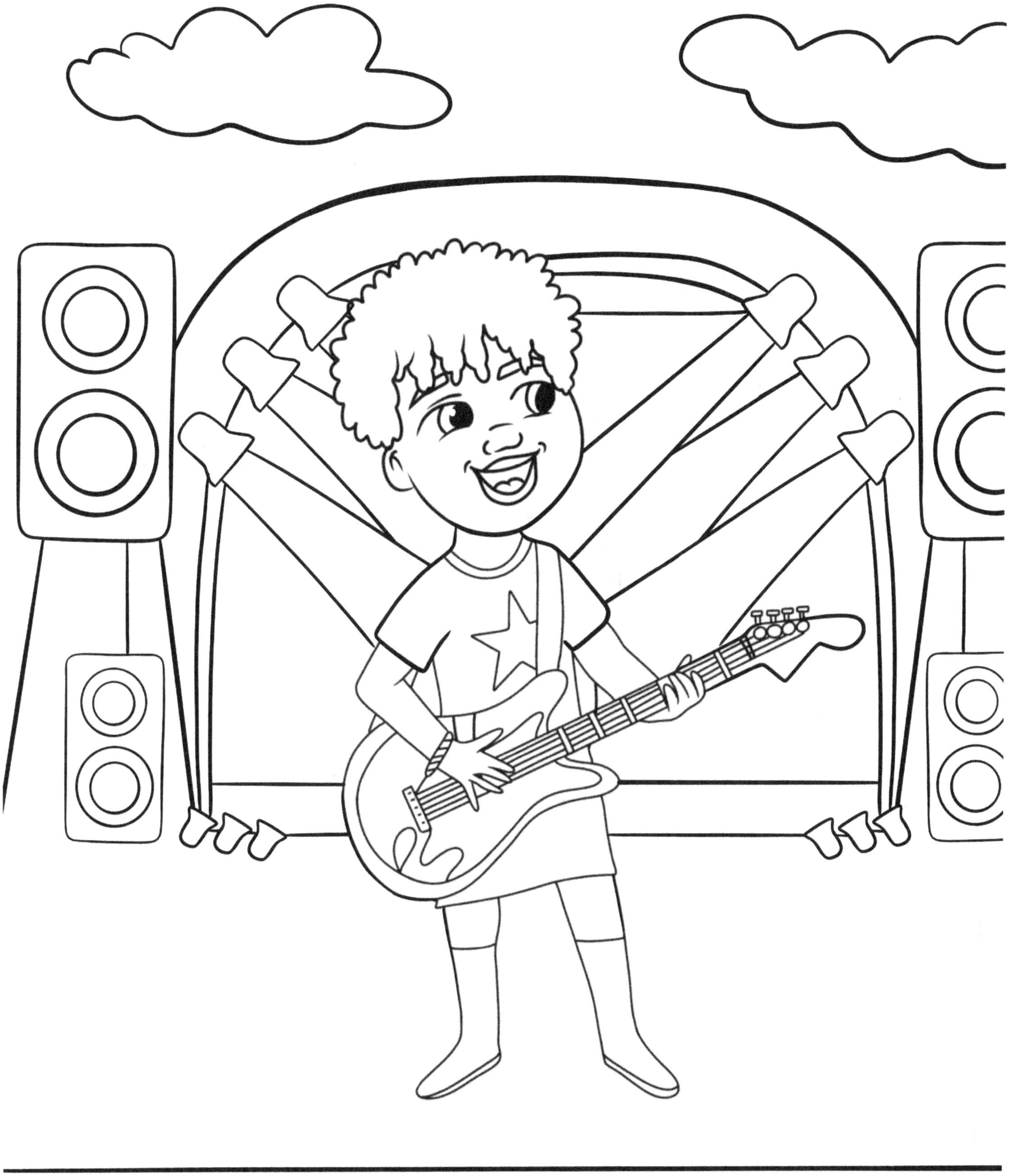

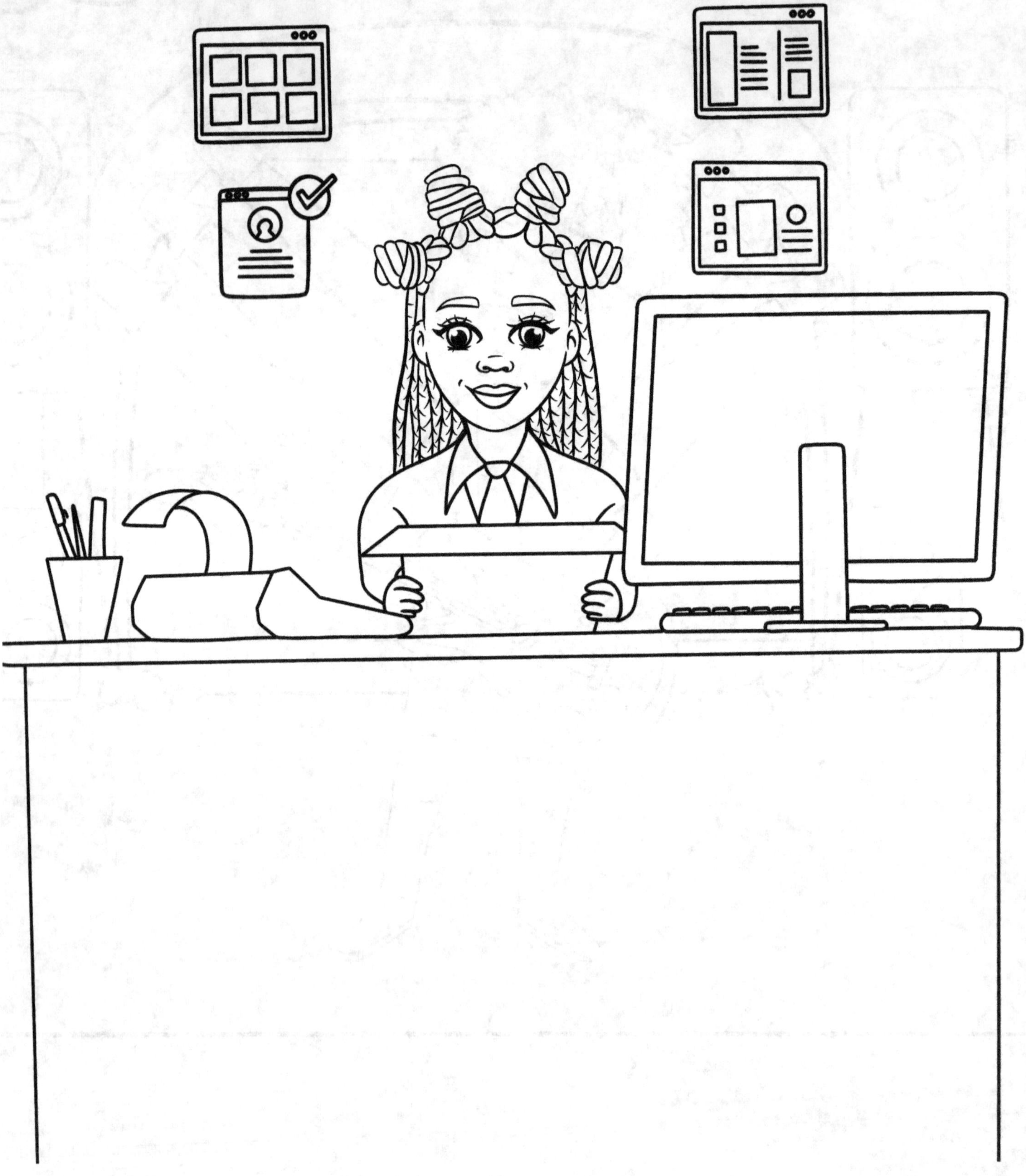

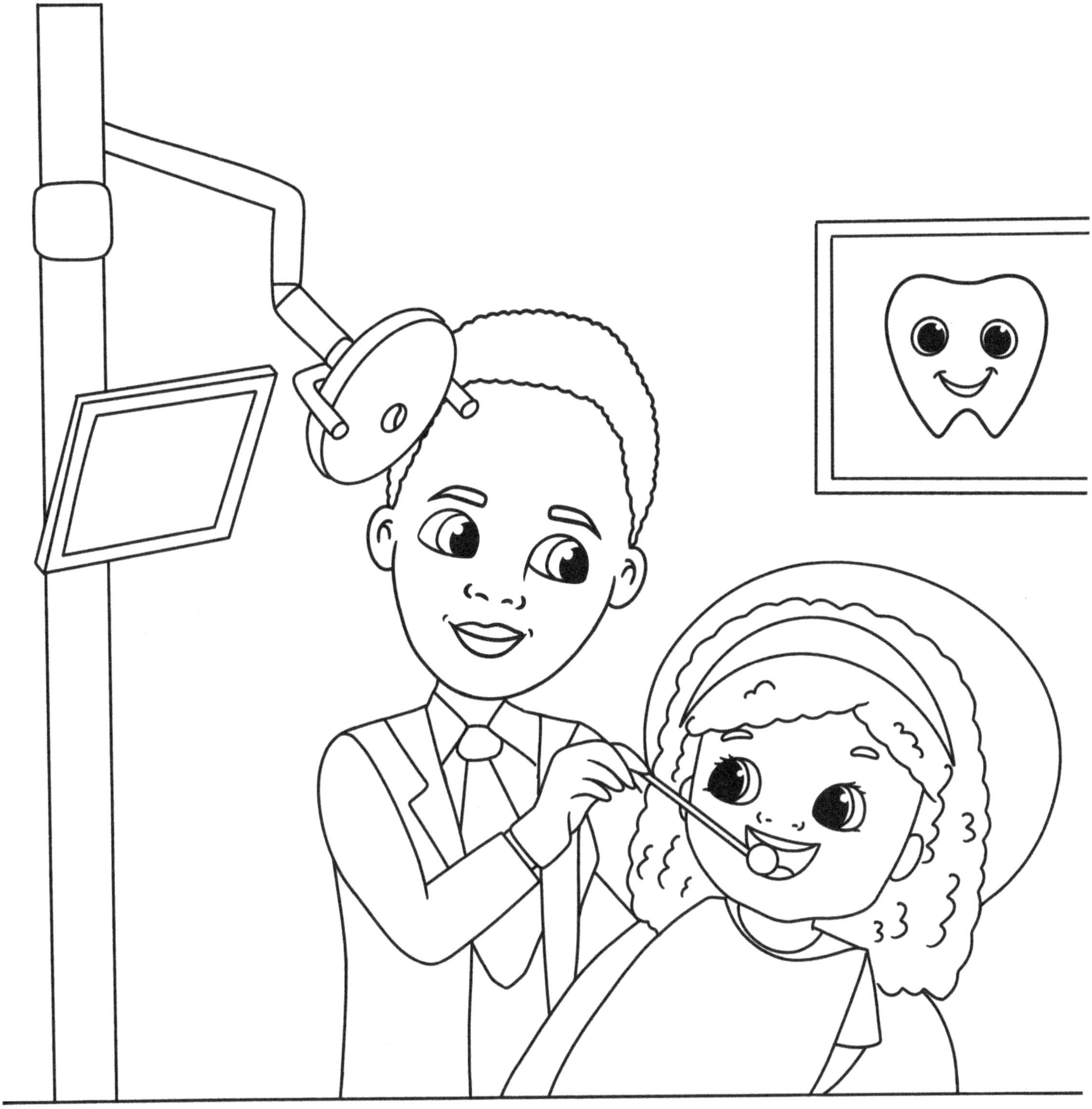

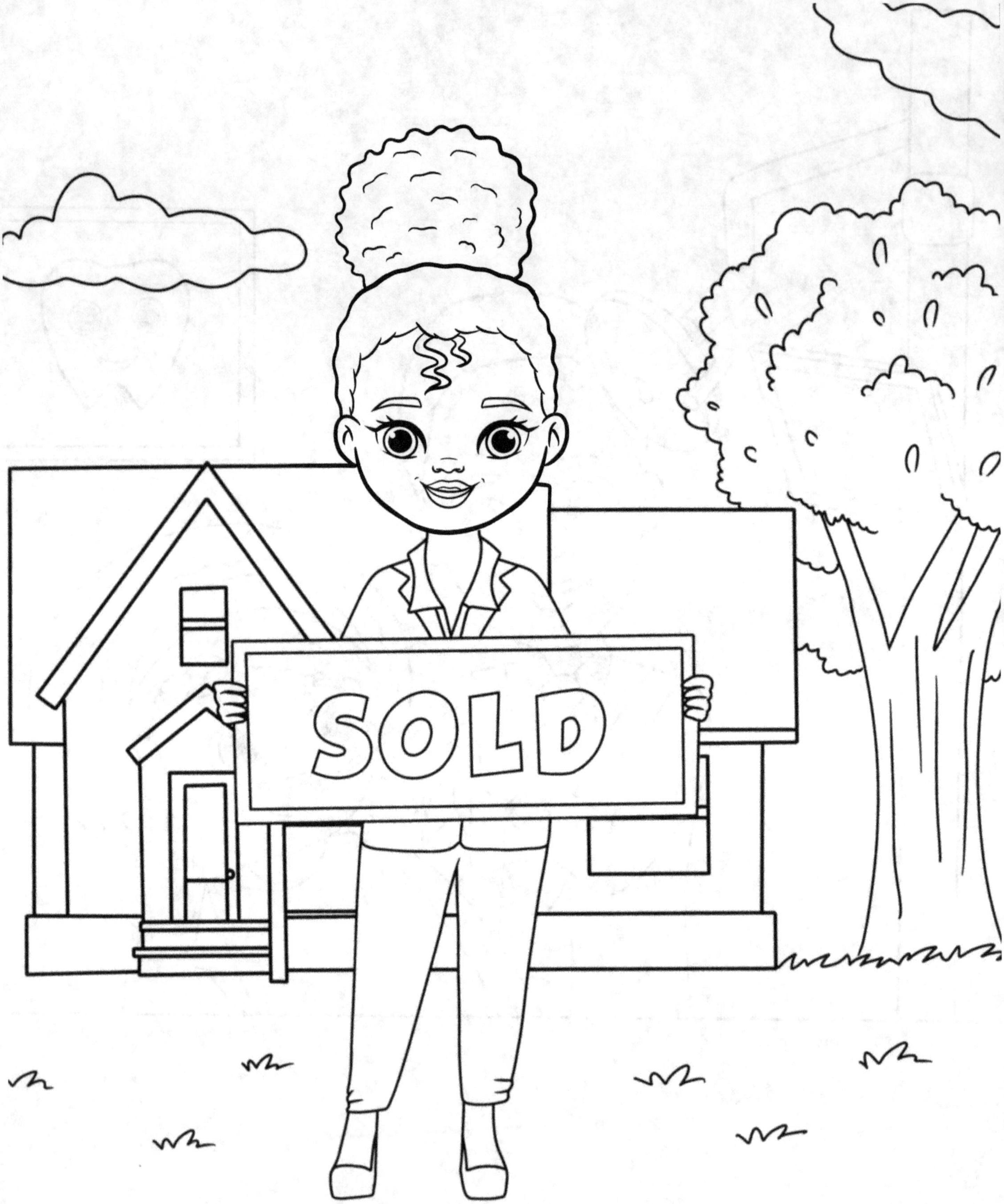
SOLD

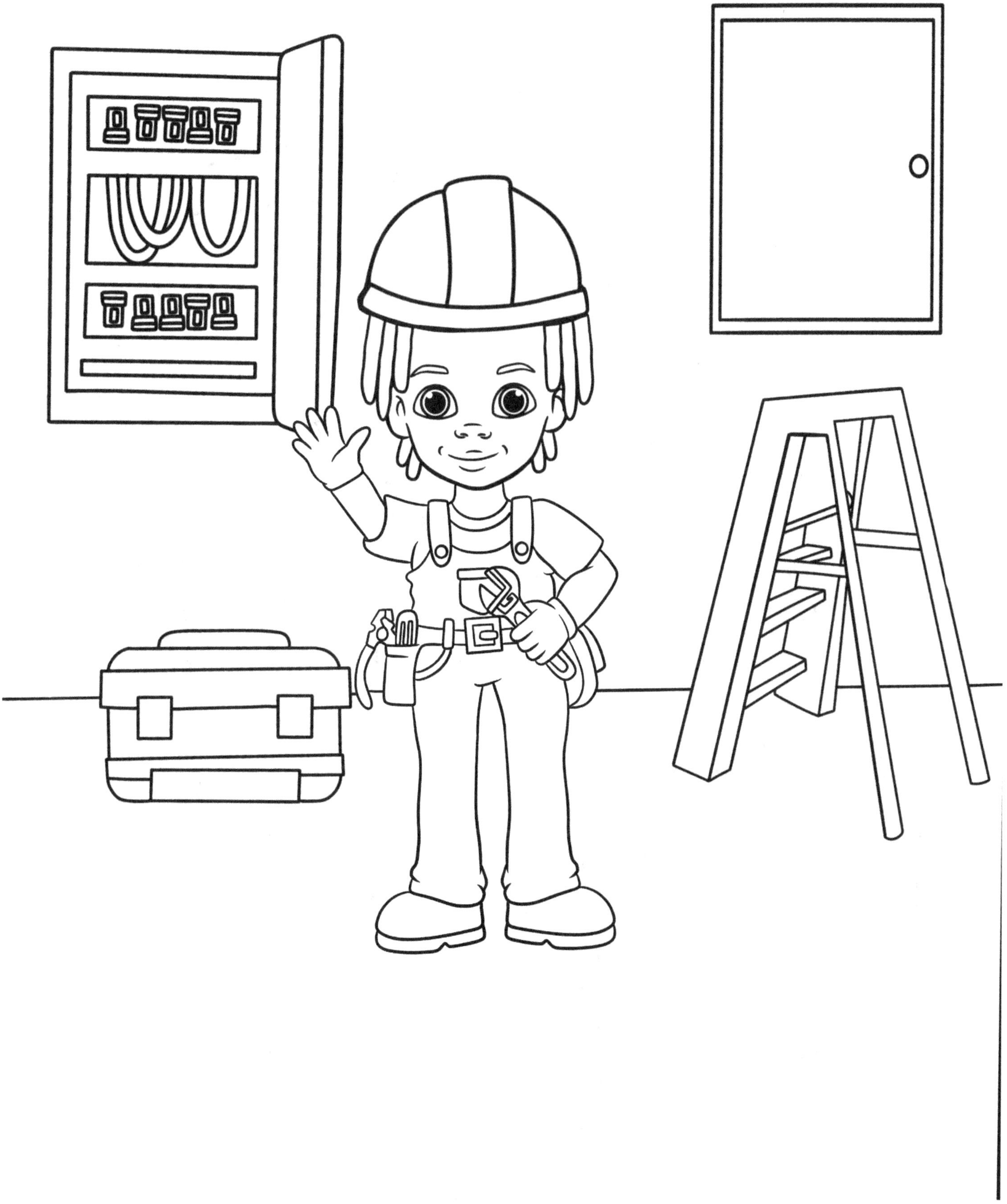

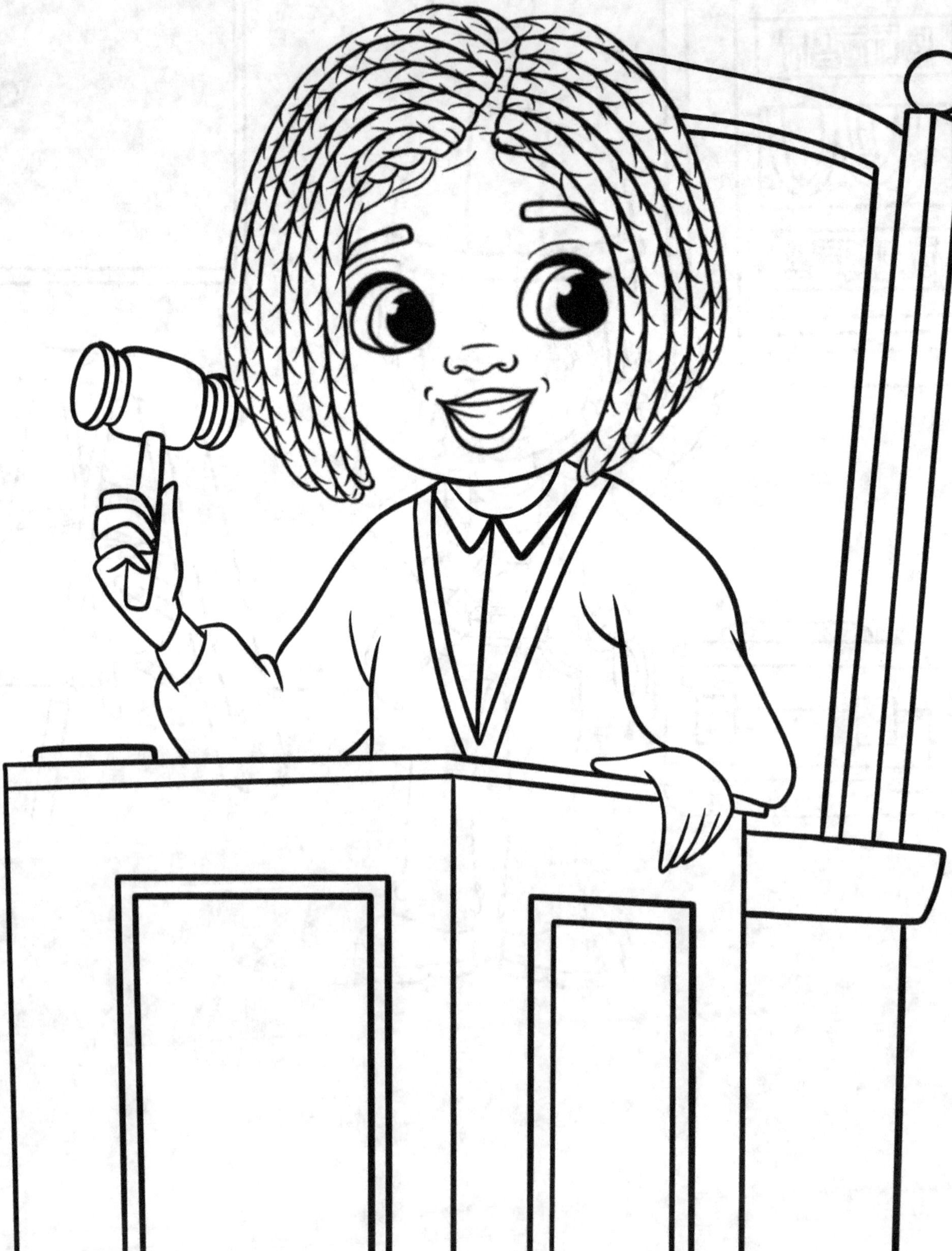

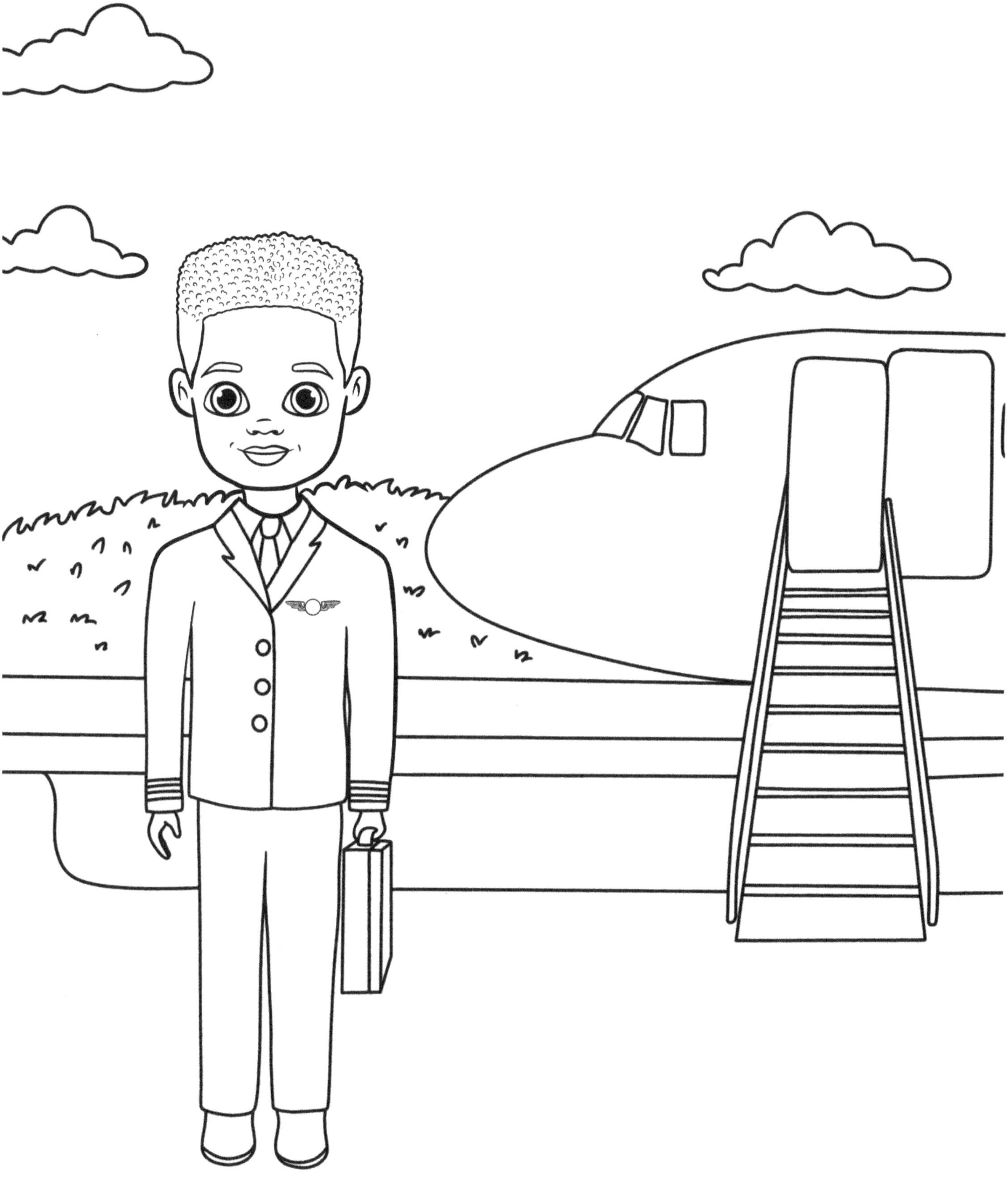

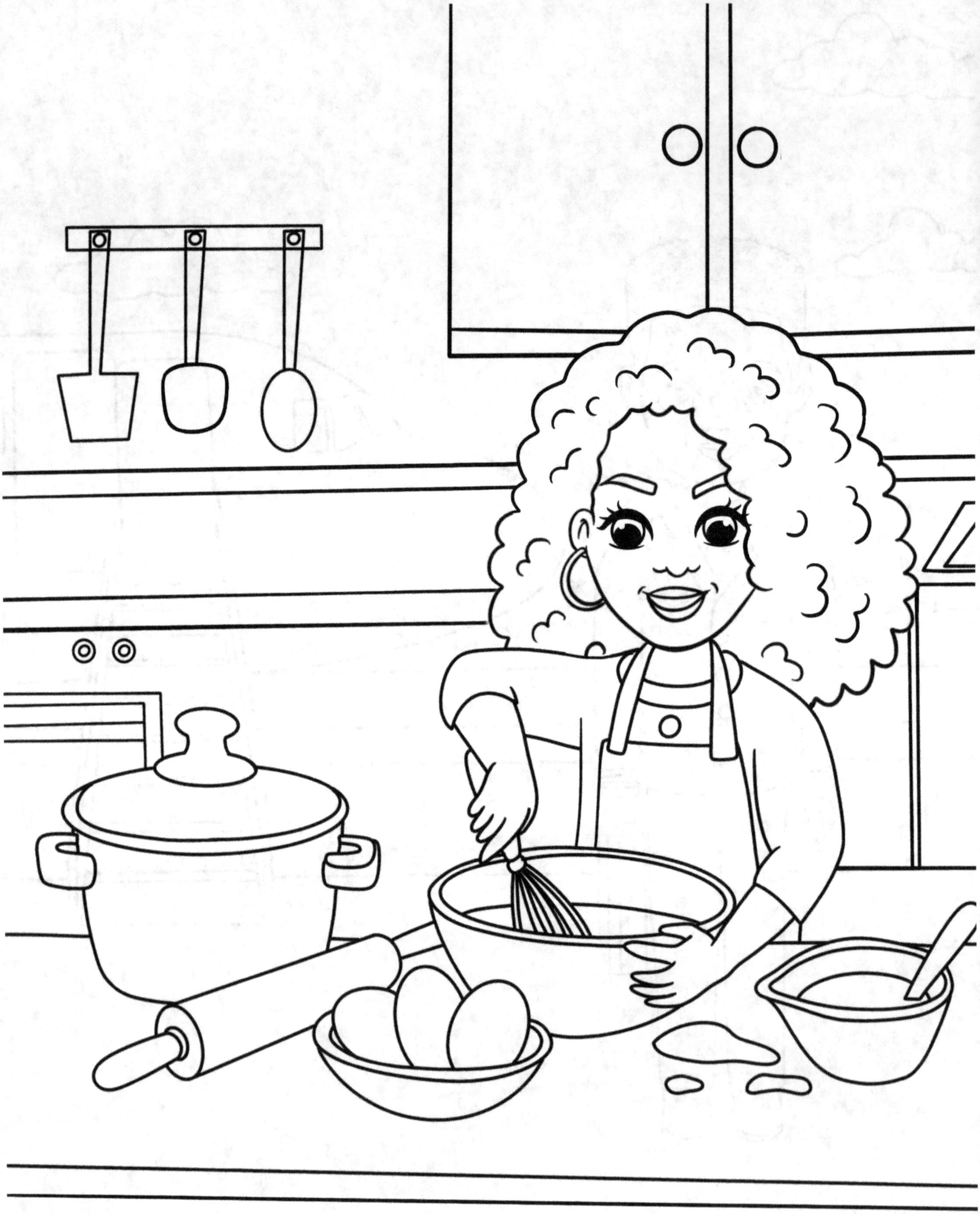

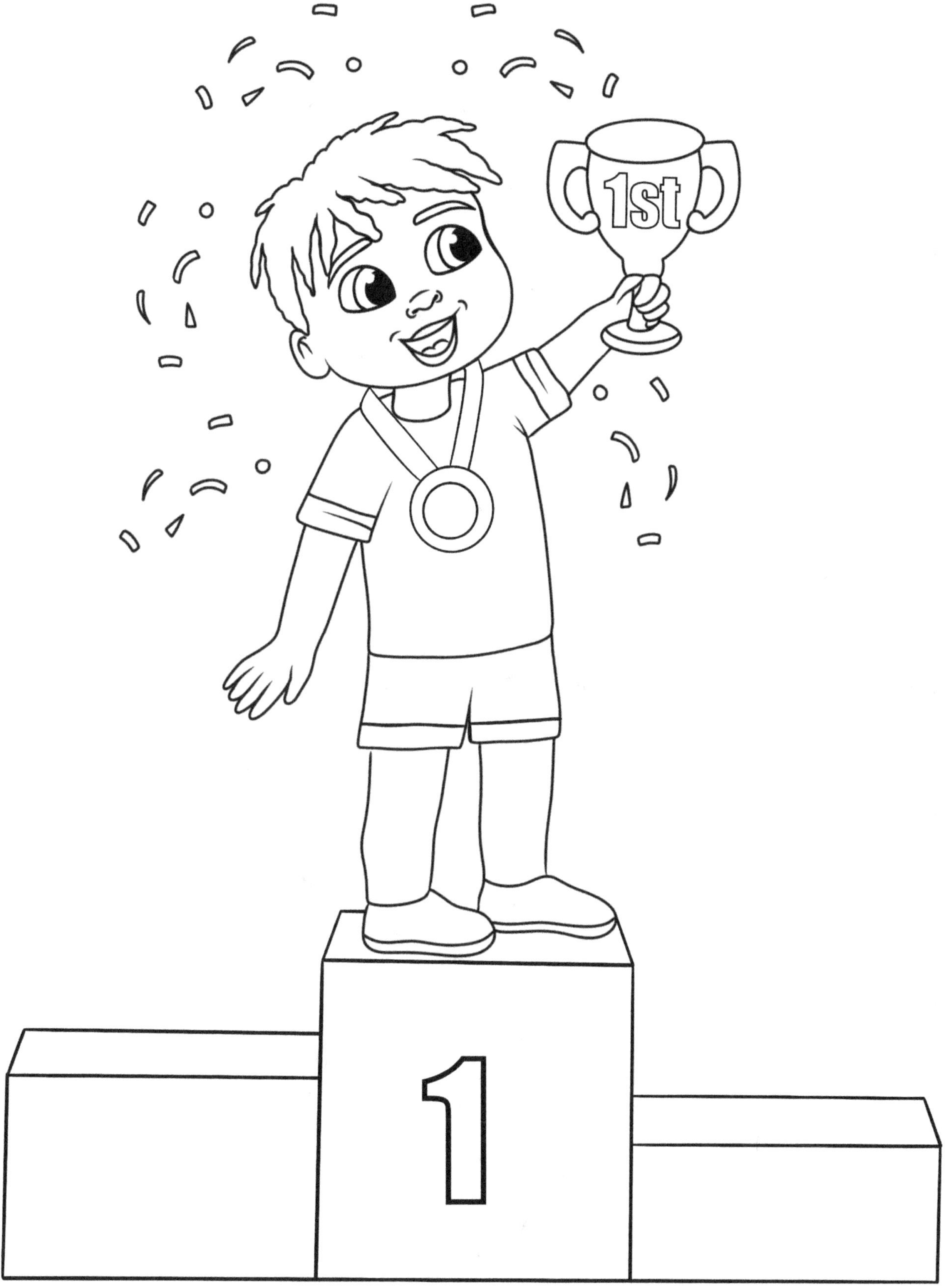
1st
1

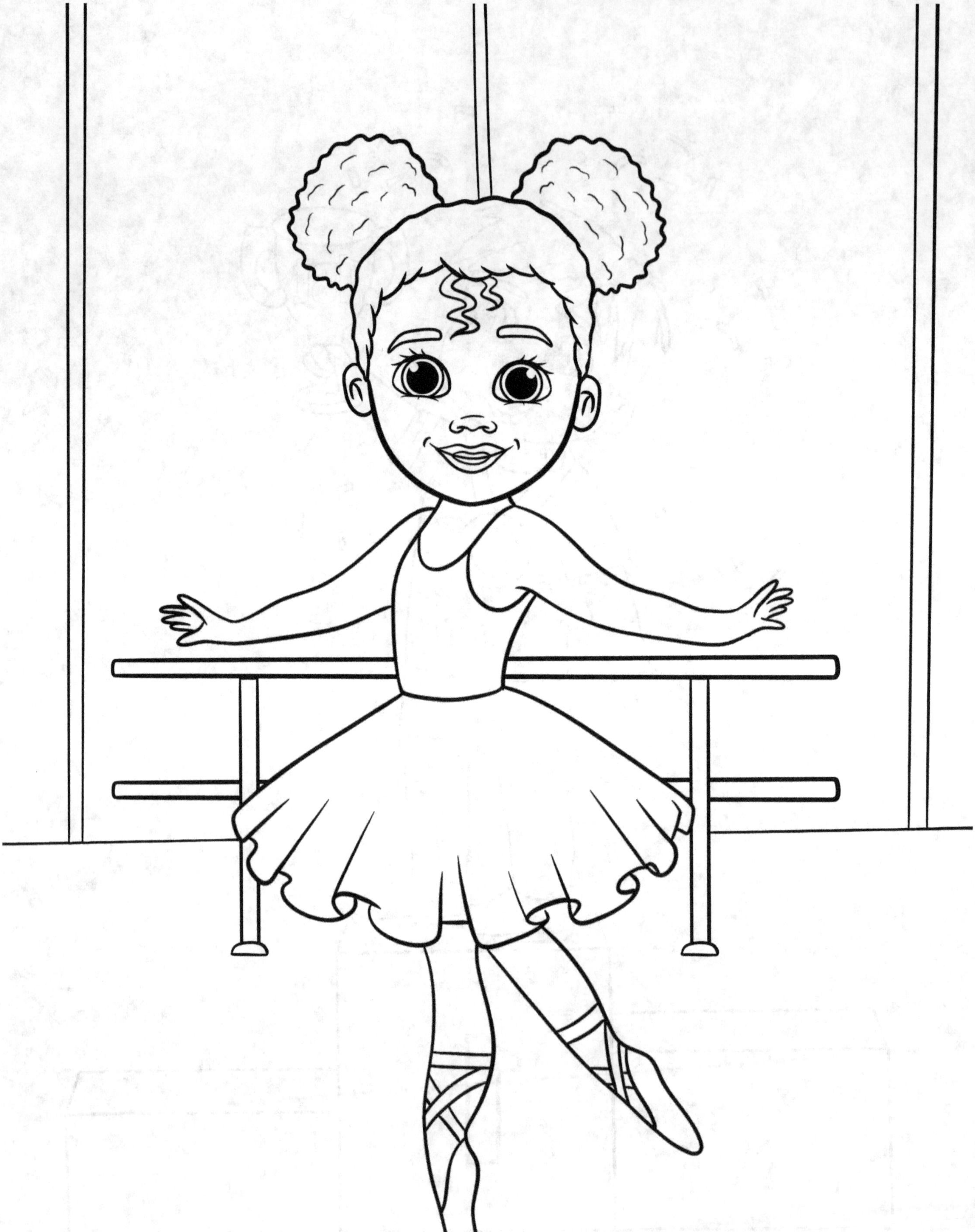

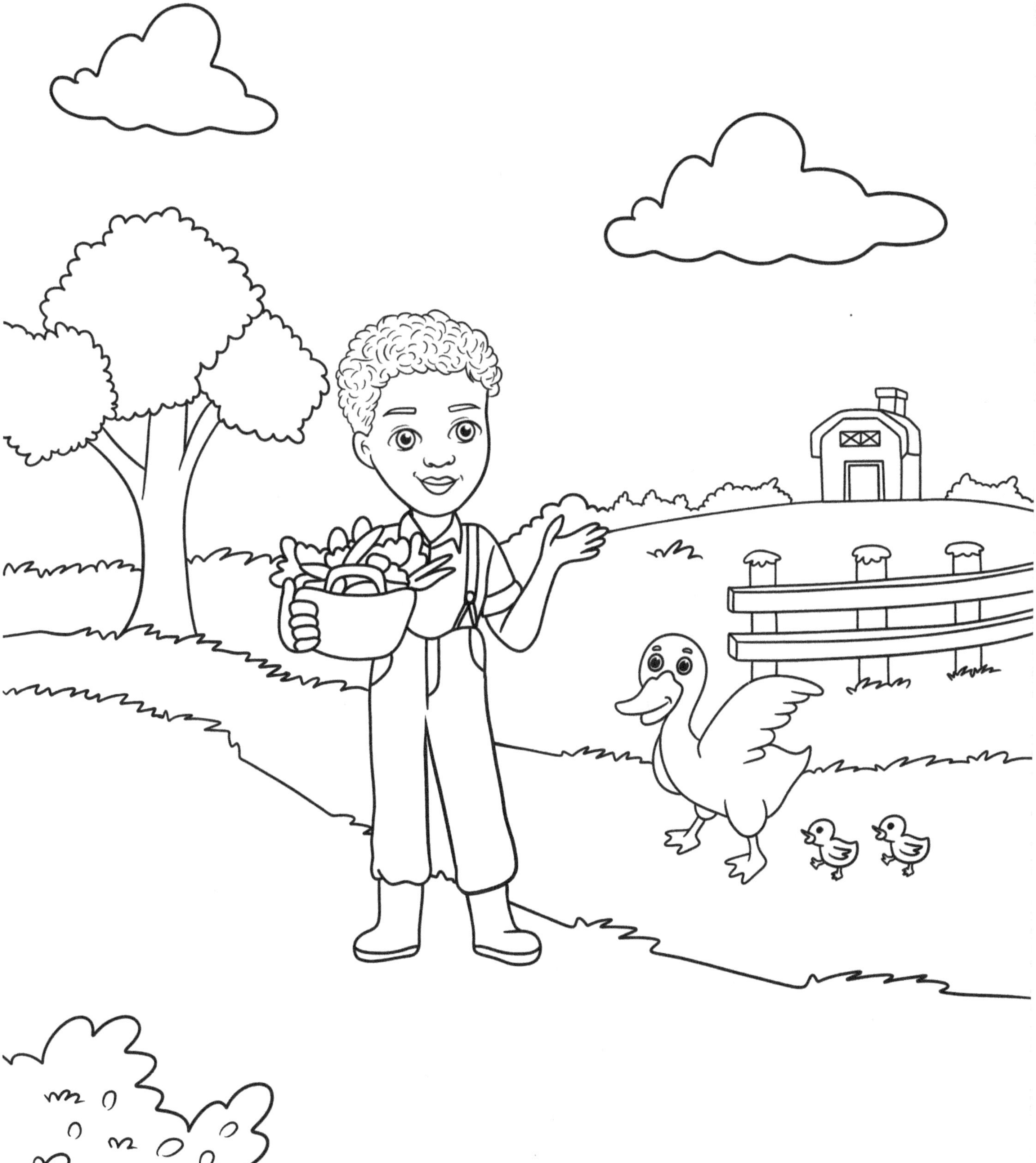

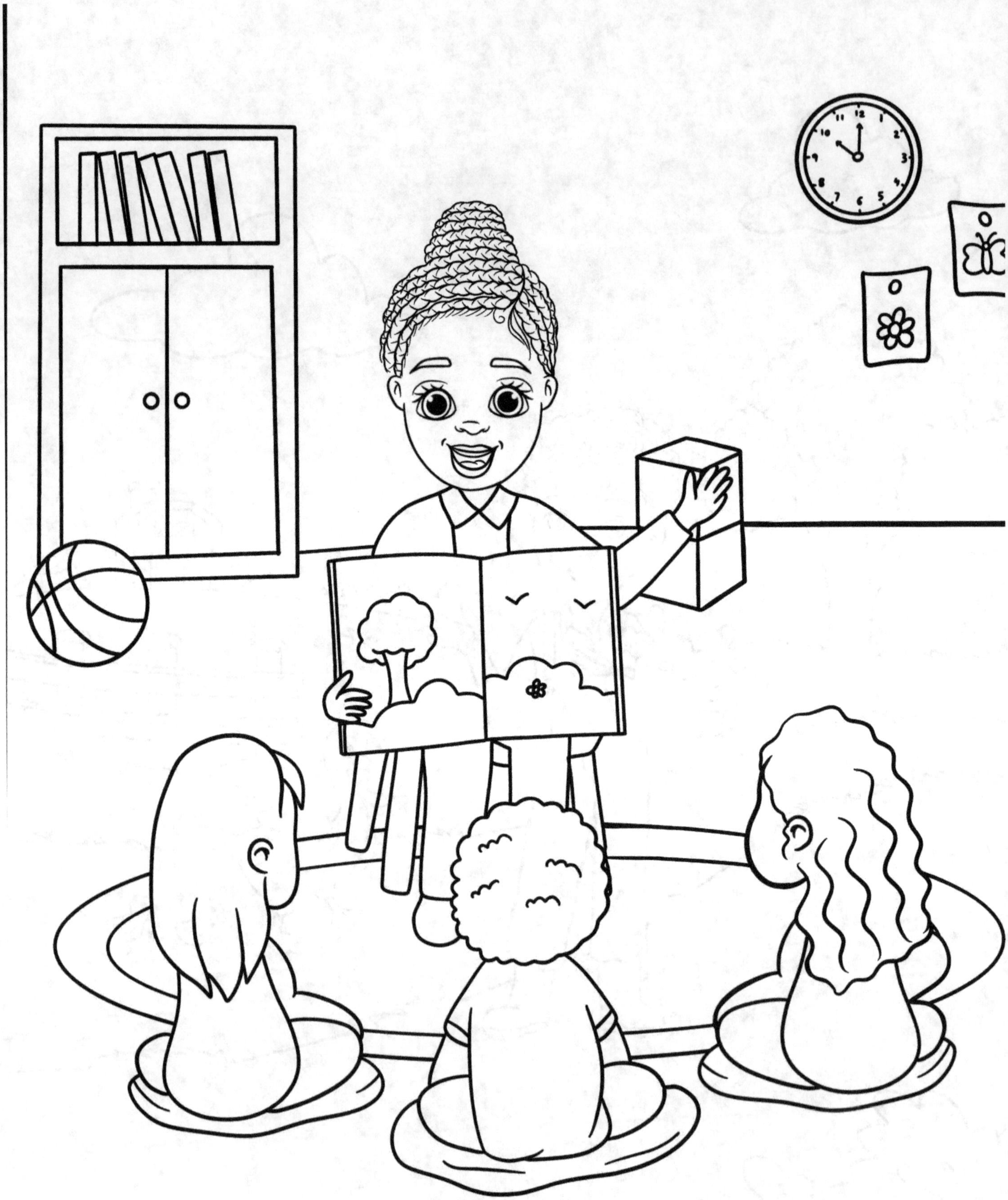

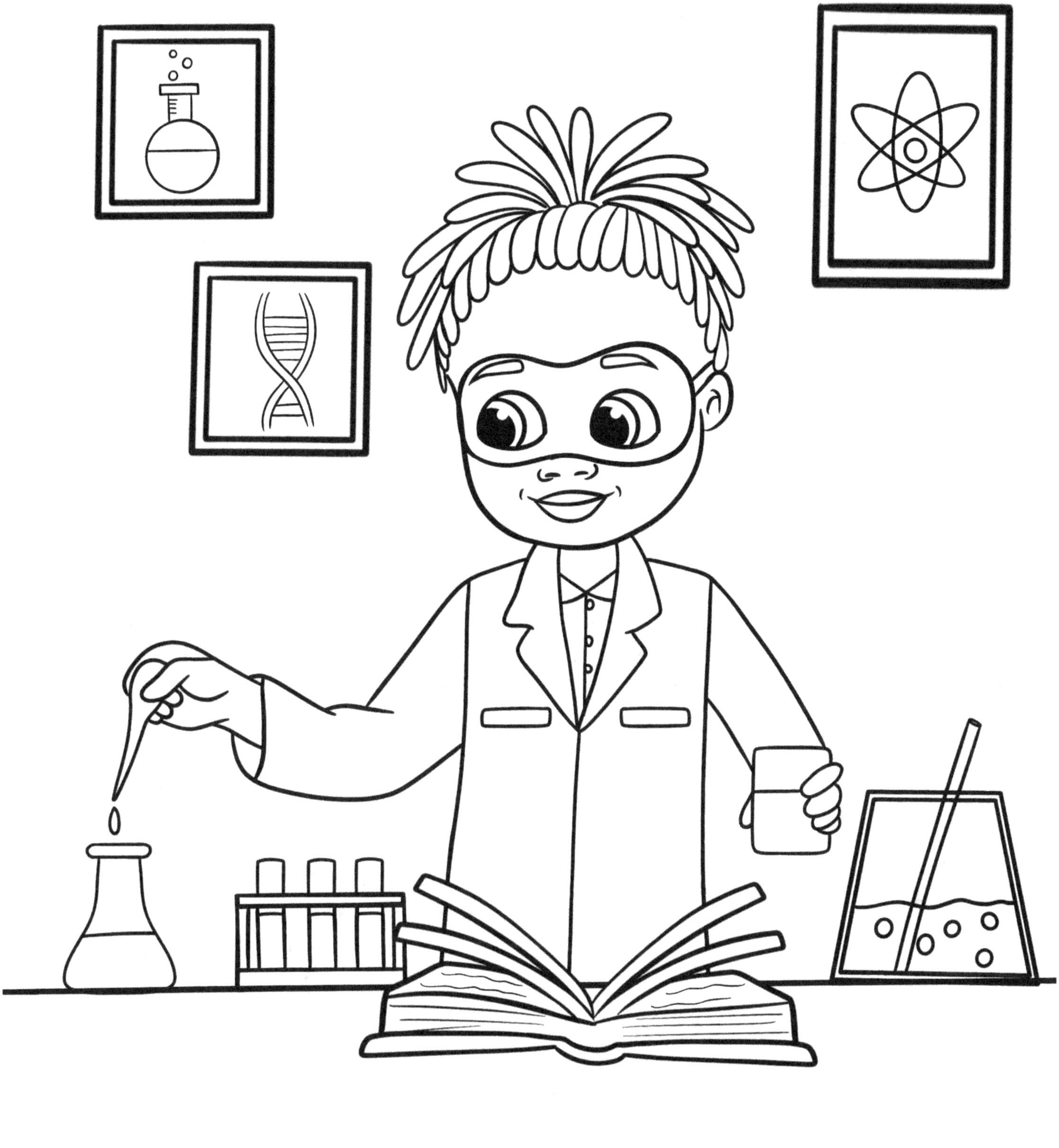

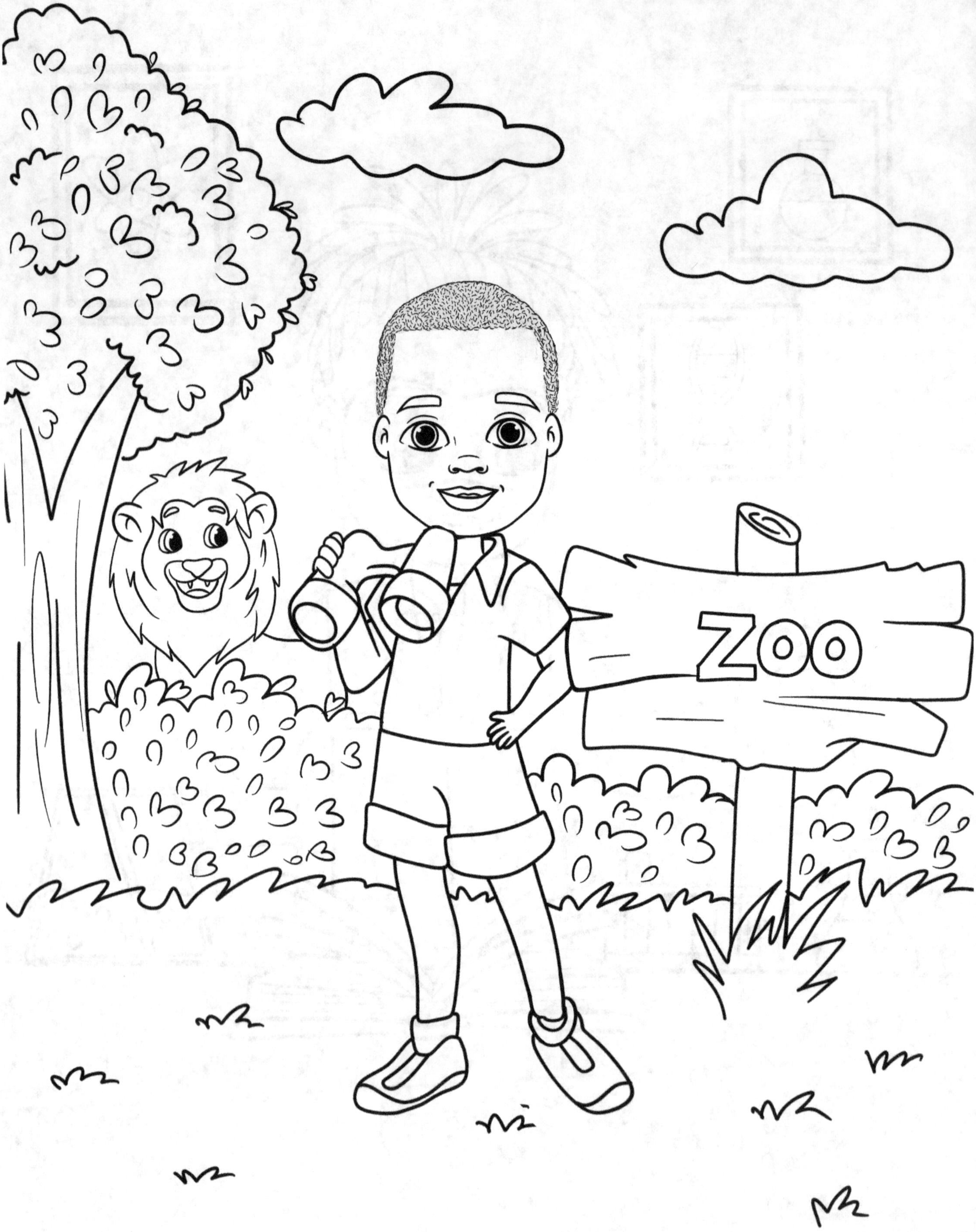
ZOO

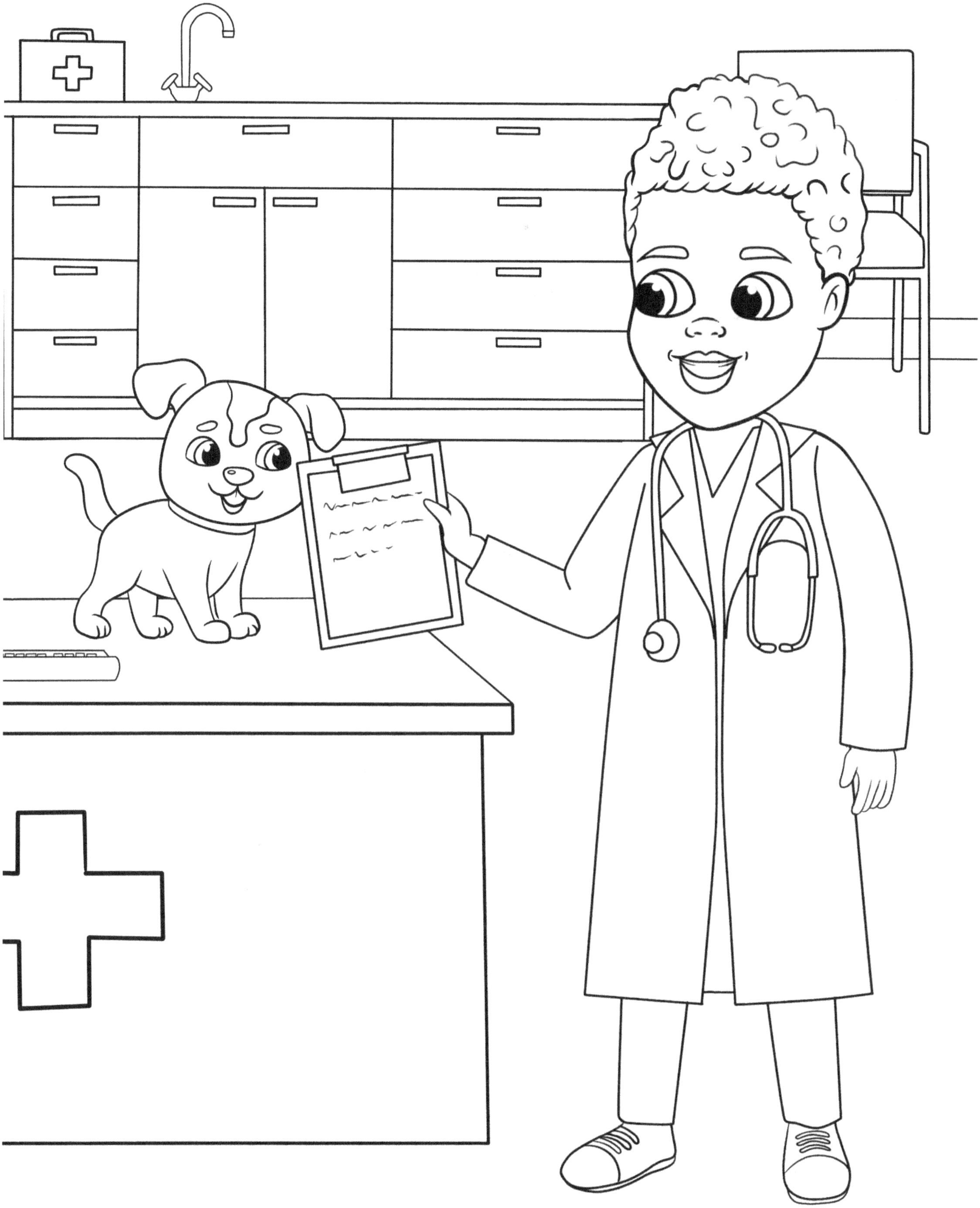

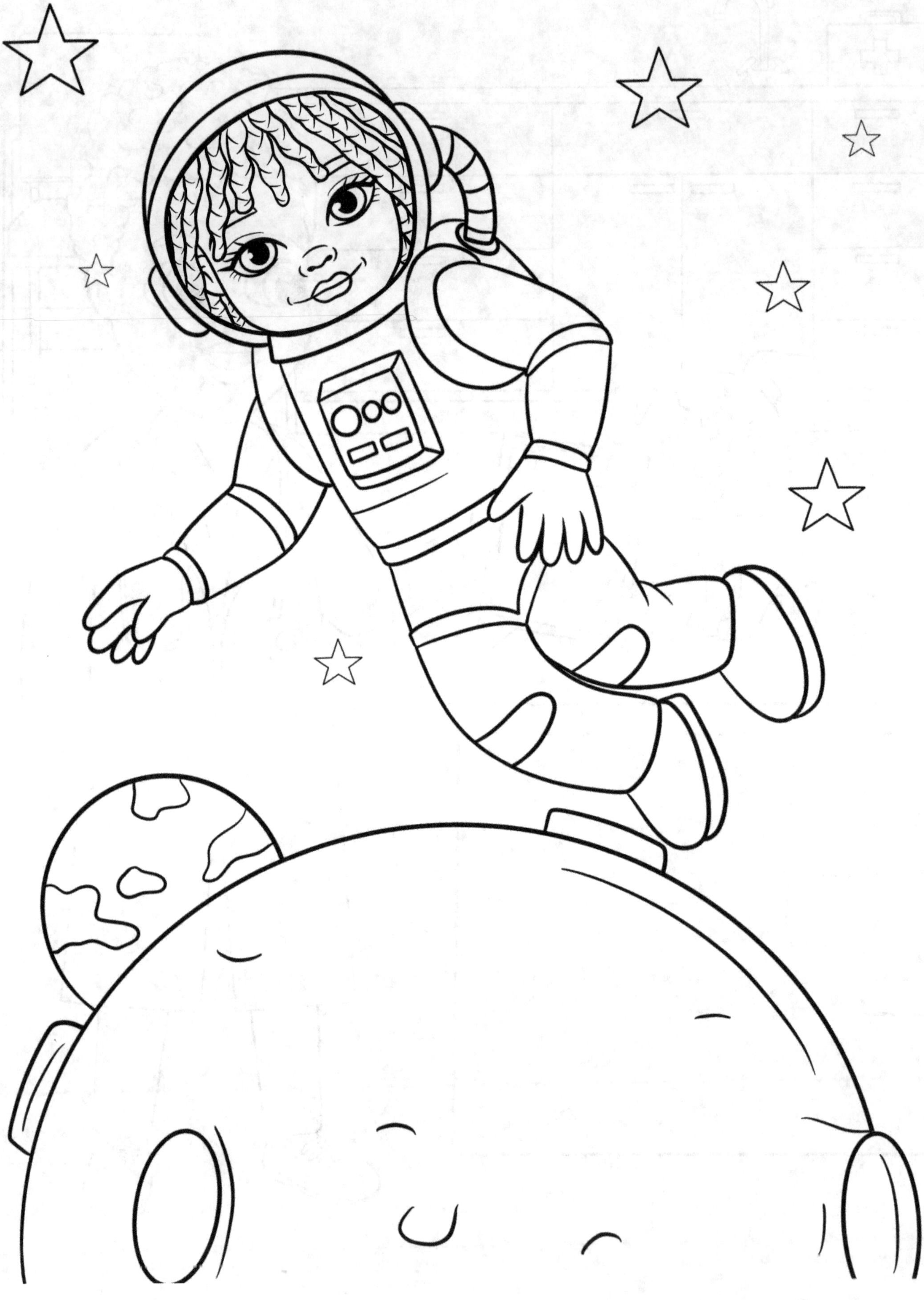

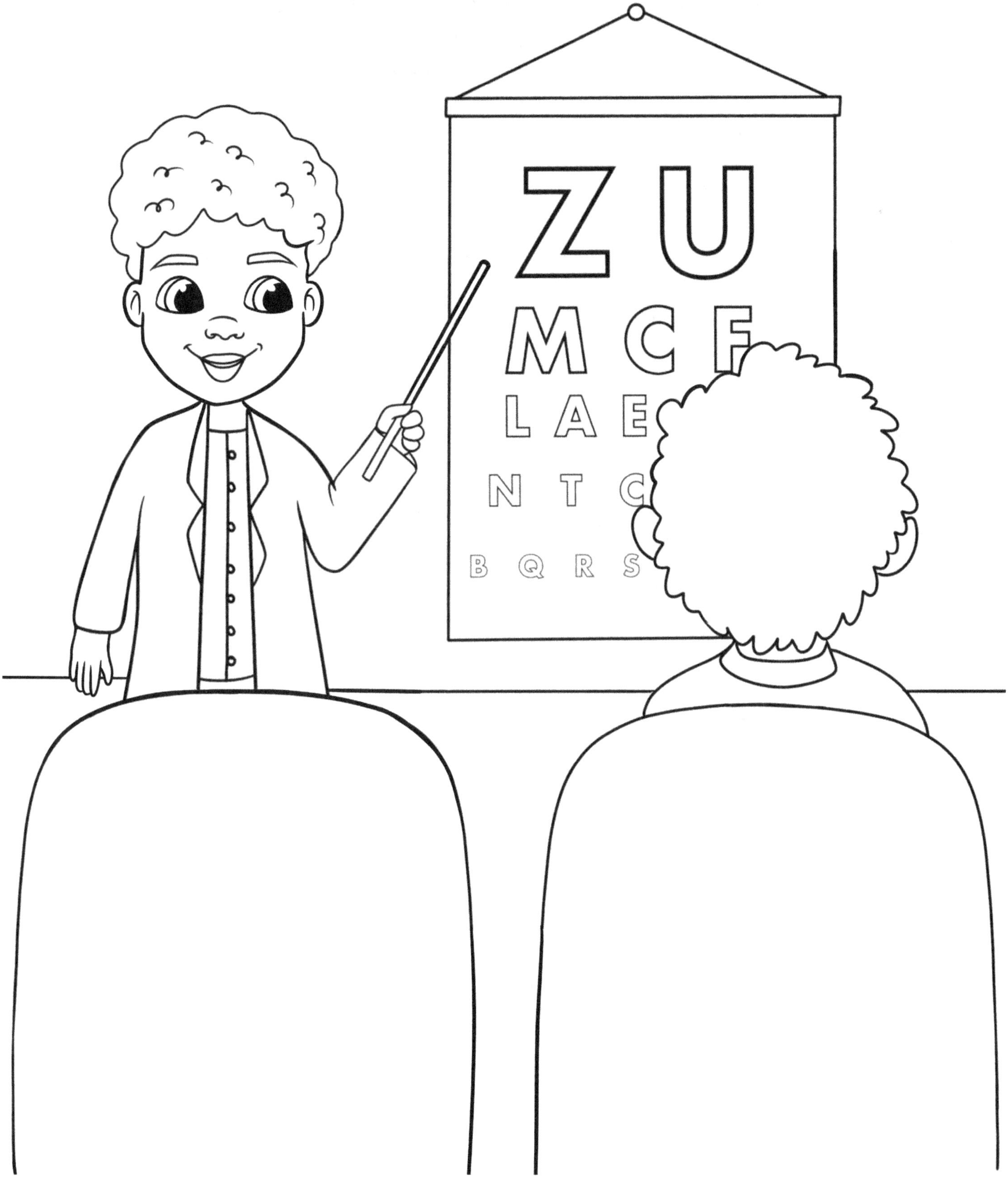
ZU
MCF
LAE
NTC
BQRS

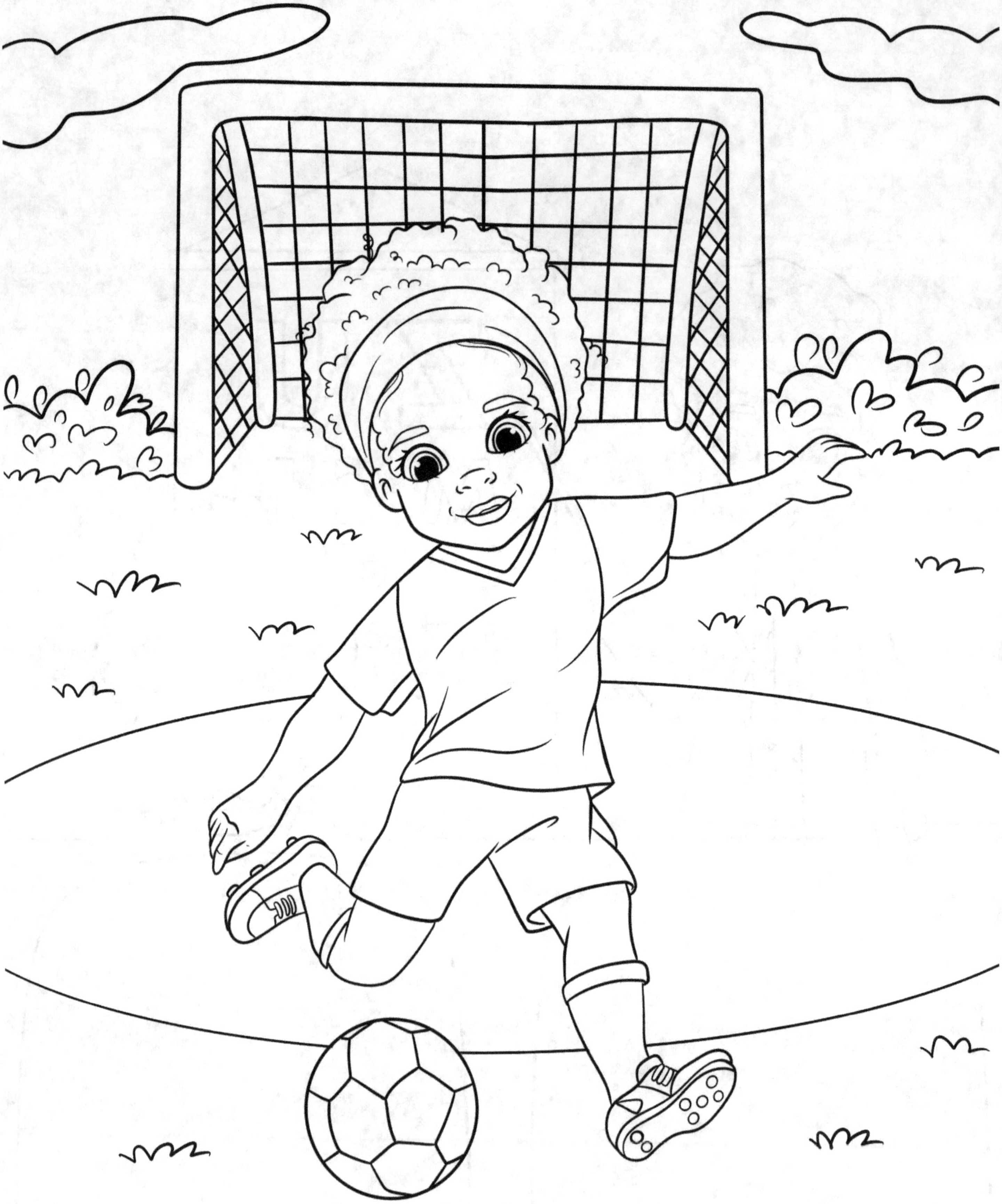

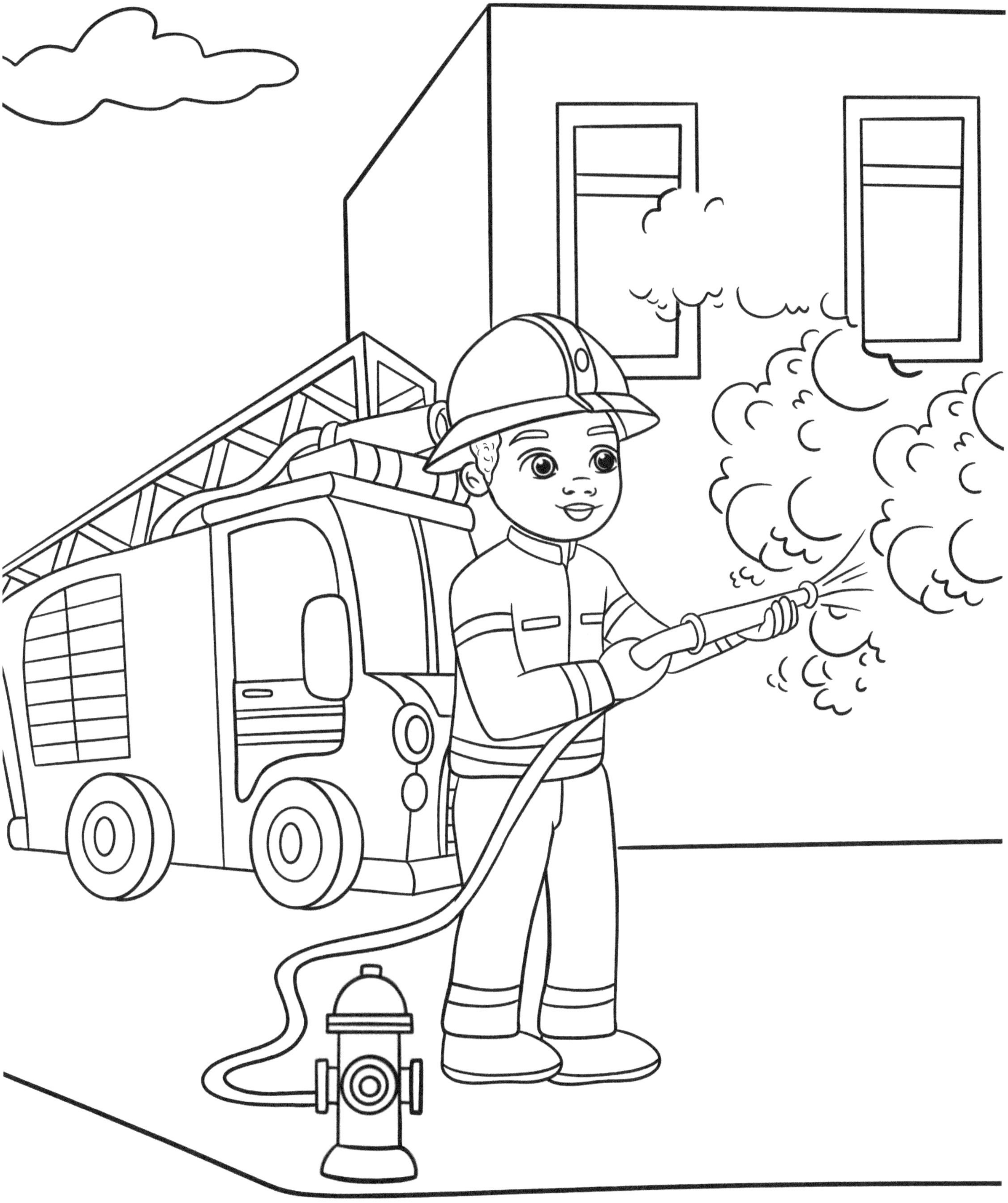

www.ingramcontent.com/pod-product-compliance
Lightning Source LLC
Chambersburg PA
CBHW080440220526
45465CB00009B/3364
* 9 7 9 8 3 5 5 4 0 1 3 1 3 *